夢を描く女性たち

イラスト偉人伝

目次

꿈을 그리는 여자들 (Women who draw dreams)
by 봄알람 (Baume à l'âme)

This book is published with the support of Publication Industry Promotion Agency of Korea (KPIPA).

けっして頭を下げないで。
世の中を自分の目でしっかりと見つめてください。
あなたがすることが変化を作ります。

フロレンス・ナイチンゲール

Florence Nightingale

看護師・作家・統計学者（イギリス、1820～1910）

『なにもせず海辺に立っているよりは、
新しい世界を迎える途中、10回でも波に打たれて死ぬ方がましだ。』

フロレンス・ナイチンゲールは裕福な家庭に生まれた。幼いころは、姉がやぶいてしまったぬいぐるみをつくろってなおすことに喜びを感じるような子どもで、男の子には興味がなかった。25歳になったフロレンスは、結婚願望がない娘を心配する両親に「看護師になって独立する」と宣言した。当時のイギリス社会では、上流階級の娘が仕事を持ち独立して暮らすのはまれなことであり、看護師という職業はほぼ娼婦のような扱いをされていたため、激しい反対にあった。しかしフロレンスは、みずからの意志で看護師の道を歩むと決めた。

看護師としてのフロレンスはすばらしい活躍を見せた。軍の医療改革の先導者として、特にクリミア戦争の兵舎病院のずさんな医療システムを立て直し、基本的な衛生環境を整えることにとりくんだ。一介の看護師が病院のシステムを変えることは容易ではなかったが、みずから収集した死傷者のデータによって作成した統計を提示しながら改善を求めるフロレンスを、誰も止めることはできなかった。当時としては革命的だった、このグラフィックデータを根拠に、フロレンスは必要な物品をそろえ、衛生ルールを作りながら病院の施設を改造していく。その結果、42パーセントまではねあがっていた死亡率が2パーセントにまでいちじるしく減少した。この活躍により、フロレンスはイギリス王立統計学会の初の女性メンバーとなる。軍の将校でさえ舌を巻くほど優秀だったフロレンスは「ハンマーを持った女」と呼ばれた。物品の補給に問題が生じたらハンマーを持ってきて錠を破壊したからだ。しかし、メディアはフロレンスを「ハンマーを持った女」ではなく「真夜中に灯火を持って患者を見守る白衣の天使」として伝えた。

フロレンスはまた、看護師としてはたらくなかで観察した内容を盛り込んだ『看護覚え書』という著作を刊行した。この本は、現代の病院では当然とされている衛生、換気、保温、患者の心理ケアなどについて記した最初の著作である。ほかにも作家として、女性の権利や教育、救貧法と、奴隷制の廃止に関する文献を残している。現在看護大学の学生たちは、実習に出る前に「わが生涯を清く過ごし」ではじまる「ナイチンゲール誓詞」をとなえる。

VOTES FOR WOMEN
NOW
VOTE
FOR

エメリン・パンクハースト

Emmeline Pankhurst

社会運動家（イギリス、1858～1928）

奴隷として生きるよりは反逆者になる。

エメリン・パンクハーストの父親は奴隷制に反対し、女性参政権を支持する人物だった。その父親が、眠っている娘のそばで「男の子に生まれなくてかわいそう」と言うのをきいた日、幼いエメリンは女の子に生まれたことを悲しむことはなかった。その代わり、男性が「女性よりも自分たちの方がすぐれていると思っている」という事実を知ることになった。

女性の投票がみとめられなかった時代に、14歳ですでに「女性参政権を獲得する」という志を持ったエメリンは、その後、結婚して5人の子どもを産み育てながら、参政権運動に身をささげる。当時、女性の政治参加について、男性政治家の反発は非常に激しかった。投票権を望む女性たちの同意を集めた決議案が通過されたとしても、法案は提出されず、法案が提出されても審議の対象にさえならない絶望的な状況だった。エメリンはこのかたい壁の前で、妥協することなく闘争をひきいていくことにする。

女性参政権運動の勢いが激しくなるにつれ、勇気づけられた女性たちはデモを組織してチラシを配るなど、共に声をあげ、行動した。かれらは、政府に平等な参政権を要求し4年にわたって非暴力闘争を続けたが、デモ会場の広場で集まってきた群衆から罵倒され殴られて、しまいには刑務所に送られてしまった。すると、やがて女性たちは闘争のやり方を変えてしまう。「サフラジェット」と呼ばれたかれらは、街の窓ガラスを割り郵便ポストを燃やした。サフラジェットは収監されてからも監獄の窓ガラスをたたき割って断食闘争を続けていった。人々のくらしより財産を守ることに熱心な政府の法律を批判し、田舎の空き家の邸宅と競馬場に火をつけ、乗客のいない列車を爆発させ、美術館にある絵の額縁をハンマーでこわした。ある女性は、国王の馬の前に身を投げ、自分の命と引き換えに女性の権利を主張した。エメリンは街中をゆるがした激しい闘争の最前線に立ち続け、投獄されや断食、断水闘争をくりかえしたことによって衰弱し、イギリスで女性が男性と完全に同等の選挙権を獲得するわずか1ヶ月前に息をひきとった。

チャ・ミリサ

차미리사

教育家・独立運動家・女性運動家（韓国、1878〜1955）

荷車の両輪のような男女の関係が片方にかたよっているから、
これを正すべきだ。

「女性は男性の付属にならず独自の生き方をするべきだ」「女性にとってなにより必要なものは経済的な自立」「考えろ。自分の考えで生きろ」。今でもよく耳にするようなこれらのことばは、なんと今から100年以上前にチャ・ミリサが女性にむけて呼びかけたものだ。若くして結婚し、わずか2年で夫が死亡すると、ミリサはキリスト教に改宗し、中国留学の道を選ぶ。中国で学業にはげんでいたなか、ミリサは病気にかかり耳が聞こえなくなったが、今度はアメリカに留学、そこでアン・チャンホと『独立新聞』を発刊する。

アメリカで社会運動にとりくんでいたミリサは、日韓併合以降、独立運動を行うため韓国に帰国する。ミリサは若い女性を教育することで、独立が可能になると考えた。当時、女性には学業の機会が与えられていなかったため、読み書きのできる女性が少なかった。ミリサは、若い世代と比べてもっと教育を受けられなかった婦人たちへの教育にとくに焦点をあて、女性は仕事を持ち独立した生活をしなければならないと説いた。また朝鮮女子教育会を設立、全国各地を回りながら講演を行い「女性にも教育を受ける権利が与えられるべきであり、女性は自分の人生は自分のものという意識を持つべきだ」と教えた。ミリサが行くところはどこも人々であふれ、女性も学ばなければならないというミリサのことばに共感した女性は、指輪やかんざしを寄贈するなど女性教育資金の調達に力を合わせた。チャ・ミリサは、疎外された女性たちが出し合った寄付を貯めて槿花女学校を設立する。この槿花女学校が、今の徳成女子大学校だ。

WOMEN'S SUFFRAGE
FOR WOMEN'S SUFFRAGE

ヘレン・ケラー

Helen Keller

人権運動家・社会運動家・作家（アメリカ、1880〜1968）

『空高く舞い上がろうという衝動にかられるときに、
這いつくばることに同意できる人はいません。
けっして頭を下げないで。常に高くあげてください。
世のなかを自分の目でしっかりと見つめてください。』

ヘレン・ケラーは生後6ヶ月でことばを話しはじめ、1年後には歩きはじめたが、19ヶ月に病気で視覚と聴覚を失った。ヘレンの教育に熱心だった母親は、家庭教師アン・サリヴァンを迎えた。自身も重症の視覚障害を持っていた教師サリヴァンは、聞くことも見ることもできなかったヘレンを熱心に指導した。サリヴァンの教育のおかげでヘレンは目と耳が閉ざされてしまった暗闇のなかで、ものごとに名前があることを知るようになる。ヘレンはこのときのことを、「心の目が開かれた歓喜の瞬間」と表現した。その後ヘレンは5つの言語を話すようになり、視覚と聴覚の重複障害者としてはじめてハーバード大学女子部を卒業した。ヘレン・ケラーとアン・サリヴァンは、生徒と教師の関係でなくなってからもパートナーとして生涯にわたって絆を深めていく。

ヘレン・ケラーが障害者として知的・精神的な成長をとげていった話ほど知られてはいないが、ヘレンが生涯をささげたことは、社会運動だった。ヘレンは障害を持った自分が生きてきた話をエッセイやスピーチ、論文として発表する一方、アメリカ盲人事業協会の募金運動や障害者のための制度づくりに力をつくした。またヘレンは、アメリカの女性参政権と避妊権のために運動したフェミニストで、男性がつくった法から女性がみずからを守るためには参政権が必要だとさけんだ。ヘレンはまた、社会主義活動家として労働者のために声をあげ、反戦運動を行う平和主義者として戦争でけがをした数千人の軍人のお見舞いに行き、人種差別と児童の労働を容認する政府を批判した。またネイティブ・アメリカンの人権のために献身し、白人女性としては2番目に、友情の証である白い羽根とネイティブ・アメリカンの名前を授けられた。

キム・ジョムドン

김점동

医師（韓国、1876〜1910）

> 今あきらめたら、私にはいかなる機会も残っていないということはよくわかっています。
> だから、かりにそれが神様の意図だとしても
> 医者の勉強をあきらめるつもりはありません。

韓国初の女性医師であるキム・ジョムドンは、韓国人としてはじめて医学士の学位を取得した人物だ。少女時代から英語が堪能だったジョムドンは、梨花学堂〈訳注：今の梨花女子大学校〉に設置されていた最初の女性専門病院である普救女館で通訳の仕事をした。ここでジョムドンは医師になりたいという夢を抱くことになる。16歳で結婚し夫と共に留学に行き、きびしい環境のなかでも強い意志で勉強にはげんだ。ボルチモア医科大学〈訳注：今のジョンズ・ホプキンズ大学〉を優秀な成績で卒業したジョムドンは、アメリカの病院に推薦状を書いてくれるという教授の誘いを断って帰国する。一刻も早く韓国に帰って女性たちを治療し、立ち後れている祖国を目覚めさせたいと考えたからだ。

ひとりで韓国に帰ってきたジョムドンは普救女館で、今度は医師としてはたらくことになる。ジョムドンは、医師の指示にしたがわずに迷信や民間療法で患者の病状を悪化させる人々を啓蒙した。平壌に赴任してからは、10ヶ月で3000人を超える患者を治療し、ロバがひくソリに乗って山奥まで診療に行った。

当時、男の医師に体を見せなかった女性患者を診て、全国を回りながら、無料診療と教育、衛生知識の普及にとりくんだ。ジョムドンが行く先々で当地の女性たちは目を輝かせてジョムドンの教えに耳をかたむけた。ジョムドンは医療活動だけでなく、朝鮮の女性たちの地位を向上させるという意志を持って、殺人的な過密スケジュールをこなした。

ジョムドンの医術と人柄は、女性医師を信用していなかった当時の認識をくつがえした。ジョムドンの実力と功績をみとめた高宗皇帝は勲章を与えた。しかしこのとき、ジョムドンの健康はすでに取り返しのつかない状況だった。いつも不衛生な環境で患者を診察したため病菌にさらされたうえに、過労に苦しんだジョムドンは結局34歳という若さで結核にかかり死去した。ジョムドンを賞賛していたシャーウッド・ホール〈訳注：カナダの医療宣教師。ソウルで生まれ、韓国で結核治療に生涯をささげた〉が韓国に結核病院を建てた理由は、キム・ジョムドンの死であることは有名である。ジョムドンの努力により朝鮮における結核は徐々に姿を消すことになる。

山川菊栄

Kikue Yamakawa

評論家・女性労働研究家（日本、1890〜1980）

『無知は無知でよい、恥ずるに及ばぬ。
それは女の罪ではなく、過去の日本の罪なのだから。』

幼いころから好奇心旺盛で学ぶことが好きだった菊栄は、裕福ではないが進歩的な家庭で育ち、男女平等の考えを身につけていった。兄の相撲の相手をしたり、釣りにつきあったりと活発な少女時代を送り、女学生のころには満州の平原を駆け巡る馬賊に憧れた。熱心に学び、さまざまな思想にふれ、17歳ですでに「婦人解放のために働くこと」を抱負としている。同じ年、救世軍の手伝いで訪れた紡績工場で、菊栄は自分より年下の女工たちがきびしい労働環境にさらされているのを目の当たりにする。病人のように青ざめた少女たちを前に、菊栄は恥と憤りに身体がふるえるのを感じた。菊栄にとってこの出来事が、女性の労働問題にとりくむ原点となる。

菊栄が論壇デビューしたのは25歳のとき。雑誌『青鞜』の編集長だった伊藤野枝との「廃娼論争」だ。当時の廃娼運動における娼妓への差別意識を糾弾した野枝に対し、公娼制は「奴隷営業の保護政策」であり、運動が不完全であっても、国家が性を制度化して維持することを許すべきではないと主張した。

1916年、社会主義者の山川均と出会い、結婚。社会主義にもとづくフェミニズムの理論を深め、評論家として頭角をあらわしていく。なかでも与謝野晶子、平塚らいてうらとの「母性保護論争」は日本フェミニズム史に残る議論となった。晶子は経済的な自立こそが女性解放の条件だとしたが、らいてうは母性を重んじ、出産や育児が国から保障されるべきだと主張していた。これについて菊栄は、職業労働と育児は本来矛盾せず、両立を阻んでいるのは資本主義の社会だと切りこむ。そのうえで、女性が安い労働力として搾取される危険性や、家事育児が不払い労働であることにまで言及した。

その後も女性労働運動に奔走するが、軍国主義が加速するにつれて言論の場が狭められ、夫婦でうずら園の経営をはじめる。飼料の仕入れや餌やりをし、畑仕事をする日々のかたわら、菊栄は執筆を続けた。そのなかには関東大震災下の朝鮮人虐殺に抗議するものや、戦争協力に傾いていく女性運動家たちを批判するものもある。母性に訴えた消極的な反戦ではなく、民族差別的な侵略戦争を真正面から非難した。戦後は労働省婦人少年局長としても活躍。90歳で亡くなるまで女性の解放をめざした。

キム・ミョンスン

김명순

小説家・詩人（韓国、1896〜未詳）

『朝鮮よ、私が君と永訣するとき、死んだ体にでももっと虐待してくれ。
それでもたりないのなら、今度ふたたび
私のような人間が生まれたときに思う存分また虐待してみろ。』

韓国最初の女性近代小説家のキム・ミョンスンは約100年前、18歳のときに書いた短編小説『疑心の少女』が公募に当選し小説家としてデビューした。この小説は登場すると同時に注目を浴びた。当時、ほとんどの小説は啓発や教訓をテーマにしていたが、キムの作品は形式にとらわれず現実そのものをあらわしていて、近代的な口調で書かれていたからである。絶賛のデビューをはたしたミョンスンは、雑誌や新聞などに小説を連載し、作家として全盛期を迎える。しかし世間の目はきびしかった。当時韓国の文学界は、女性だという理由だけでミョンスンをけなすことに熱をあげていた。5カ国語を駆使し、シャルル＝ピエール・ボードレールの名作をはじめて韓国語に翻訳して紹介したにもかかわらず、ミョンスンは能力や作品よりプライベートの方がうわさになり、仕事を見つけることもできず、常にきゅうくつな生活を送っていた。

ミョンスンは最初の職場だった新聞社で同僚の男性たちから「夫の多い処女〈訳注：結婚していない（処女）のにたくさんの男と付き合うことを嘲笑するセクハラ発言〉」と呼ばれたが、くじけなかった。マスコミが加えた暴力といやがらせに反発し、自分を非難した作家を名誉毀損で訴えた。世間から避難をあびても勇敢に立ち向かったミョンスンは、家父長的で封建的な結婚観に反対し、女性の自由をさけんだ。このようなミョンスンの考えは、作品にもよくあらわれている。近代における最初の女性文学人として女性の解放をとなえた先駆者であったミョンスンは、女性の内面の心理を繊細に描写し、男性中心の知識人文化に抵抗する作品を書いた。キム・ミョンスンは20編の詩と100編あまりの小説を残したほか戯曲、エッセイ、評論を執筆し、多くの詩と小説を翻訳した。しかし、朝鮮社会は結局ミョンスンを受け入れなかった。ミョンスンはひどい誹謗や嘲笑にたえきれず、日本にわたり貧しいくらしを送っていたが、東京の精神病院に強制入院させられたまま、この世を去った。

ヴァージニア・ウルフ

Virginia Woolf

作家（イギリス、1882〜1941）

『女性の私に祖国などない。
女性としての私は祖国がほしくもない。
女性としての私の祖国は、全世界だ。』

ヴァージニア・ウルフはロンドンで生まれハイドパークで子ども時代を過ごした。作家だったヴァージニアの親は娘たちを学校に行かせなかった。代わりに、ヴァージニアの家には図書館のように多くの本があった。母親が死んだあと、ヴァージニアはロンドンのキングス・カレッジに入学、ドイツ語、ギリシャ語、ラテン語を勉強した。そんななか、教育改革運動を行う急進的なフェミニストたちに会う。ヴァージニアはすぐに雑誌に専門的な文章を載せはじめ、労働者のために夜間講義を行いながら女性参政権運動にも参加した。

ヴァージニアは父親が死亡すると家を売却し、ブルームズベリーに移った。そこの社交クラブ、ブルームズベリー・グループでレナード・ウルフに出会って一生を共にすることとなる。ヴァージニアは初の小説『船出』を発表、その2年後に2人はリッチモンドに移り、出版社を立ち上げた。ここでヴァージニア・ウルフの数多くの代表作が出版される。第一次世界大戦が終わったあと、ヴァージニアは新しい実験的な作風の小説を発表した。代表作のひとつ『ダロウェイ夫人』である。フェミニズム問題を内的独白で表現したこの作品は、モダニズムの代表的な古典であり、20世紀に影響力のある小説として評価されている。以降に出版した『灯台へ』では、さらに発展した意識の流れという技法を駆使して、モダニズムの代表作家としての地位を固めた。また、自身が行った講義をもとにした随筆集『自分ひとりの部屋』で、ヴァージニアは女性が小説を書こうとするなら、「思惟の釣り糸を川の深くまで垂らすだけのお金」と「中から鍵のかかる自分だけの部屋」を持つ必要があると述べた。思索の空間をうばわれ、貧困を抱えていた当時の女性の現実を語ったヴァージニアの文章は、現代の女性にも大きな響きを与える。偉大な文学者としてだけでなく、社会活動家としてのヴァージニアの声が盛り込まれている代表作には『3ギニー』がある。初めての書簡体エッセイで、大きな波紋を起こしたこの本でヴァージニアは「男性たちの」戦争、女性を搾取する祖国、男性がつくり上げた暴力の文明を強く批判した。

Kim

クォン・キオク

권기옥

パイロット・出版人・独立運動家（韓国、1901〜1988）

『男がする仕事のなかで女だからできないことってなにがあるか?
導かなきゃ。先頭に立って導いていけ。
月に自分の足跡を残して帰ってくるという意気込みぐらいは
持つべきではないか。』

1917年5月、ソウル・汝矣島（ヨイド）飛行場でアメリカの飛行士アート・スミスが曲技飛行を披露した。飛行機を見る機会がなかなかなかった時代に、青空を切り裂く飛行機を見ながら、新しい夢を抱いた若者のなかに17歳のクォン・キオクもいた。日本植民地時代を生き、貧しい家庭環境のために仁丹工場で仕事をしていたキオクはこのとき、飛行機を操縦し、日本に行って爆弾を落とすと誓った。

19歳のキオクは、3・1運動〈訳注：1919年3月1日、日本による植民統治に抵抗する「独立宣言書」を発表し韓国の独立意志を世界に知らせた市民的不服従〉に参加したが、刑務所に送られてしまう。幼いころから、刑務所も死ぬことも怖くなかったキオクは出所した後も抗日運動を続ける。そしてふたたび逮捕される直前、中国に脱出する。飛行学校に入学すると決めたキオクは、1ヶ月かけて中国大陸を横断し雲南飛行学校に向かう。ひとりで遠い異国の学校を訪ねてきて、入学を許可してくれというキオクの意志に感心した校長は、入学を承認。キオクは9時間の訓練飛行をした後、すぐに単独で飛行できるほど優秀な学生となる。そしてキオクは韓国初の女性飛行士となった。

独立運動の志を抱いてチャンスを狙っていたキオクは、中国で活躍した。キオクは中佐まで昇進、中国政府から勲章を受け、飛行の機会を得ることになる。飛行機が怖くて空軍に入ろうとしない中国の青年むけの宣伝飛行を引き受けたのだ。このときキオクは飛行機を日本にむけ爆弾を落とす計画を立てたが、あいにくこの日の飛行は白紙となった。その後光復〈訳注：1945年8月15日、韓国が日本による植民統治から独立した日を指すことば〉を迎え、韓国に帰ってきたキオクは、国会国防委員会専門委員になって空軍の立ち上げに大きく貢献する一方、歴史にも関心を持ち韓国で初めて出版を手がける女性になる。キオクには子どもがいなかったが、大韓民国のすべての若者が自分の子どもだと話し、全財産を奨学金として寄付した。

ナ・ヘソク

나혜석

画家・小説家（韓国、1896〜1948）

女も人間です。

韓国初の女性西洋画家であり、小説家、詩人、彫刻家、社会運動家、独立運動家としても活動した。ナ・ヘソクの肩書きはさまざまだが、これだけではナ・ヘソクの人生をまったく説明できない。韓国女性として初めて世界旅行をし、自由恋愛を主張し、子どもに自分と夫の姓を両方つけ、離婚後に世間の非難を浴びるなかで堂々と「離婚告白書」を発表し、朝鮮社会と男性の二重性〈訳注：結婚する女性に純潔を求める一方、男性は浮気をしたり妾を囲うなど矛盾していることを指摘することば〉を暴露し、妊娠・出産の苦痛と育児の苦しみをありのまま述べて母性愛が女性の本能ではないという事実を訴え、良妻賢母は女性を奴隷にするためのことばだとさけびながら家父長制とたたかった人である。

裕福な家に生まれ留学を経験したナ・ヘソクは愛される画家であり小説家だった。ヘソクが開催した油絵の展示会は爆発的な人気をほこり観客でにぎわっていたし、書いた小説も広く読まれた。ヘソクは同時代に活動していた男性の画家や小説家とは異なる視点で絵を描き、文章を書いた。家父長的社会で、女性の知識人としてどのように生きていくべきかについて悩み続け、みずから閉じていた数多くの可能性を切り開いた。ヘソクの自由な考え方と発言は、男性から嫌われた。しかしヘソクは誹謗中傷や不評を買い、家族からも敬遠されても、自分の考えを曲げなかった。「批判を受けることを避けて、どうやって歴史をつくることができるだろうか」。ヘソクはそう言って社会の不条理について発言し、たたかった。「いつも孤独とさみしさを感じていた」と書いたヘソクがなによりも大事に思っていたことは、自分が本当に生きている、ということを実感することだった。そうでなければ死んでいるのと同じだと思っていた。ヘソクは女性にいかなる権利も与えられなかった植民地朝鮮で女性も人間であるということをさけびながら人生を過ごした。京畿道・水原市八達区にはナ・ヘソクをたたえる「ナ・ヘソク街」が設けられている。

ブ・チュンファ

부춘화

海女・独立運動家（韓国、1908～1995）

『刃をむけると怯えると思ったのか？
私たちは死ぬ覚悟でここに来ているのだ。』

「５００余人の海女が交番を襲撃した」。１９３２年１月26日、『東亜日報』が報じた記事の一部だ。なにがあったのだろうか。韓国各地で日本による収奪が続いていた日本植民地時代、済州島では海女が採取した魚介類を管理者にうばわれることが珍しくなかった。海女組合という名のもと、日本はとんでもなく安い価格で魚介類を奪い、組合費を搾取した。休むことなく仕事をしても、生計を立てることすらできなかった。海女たちはこれに抗議し、日本に対して何度も改善を要求したが、受け入れられなかった。そんなある日、魚介類をうばわれたことに抗議していたひとりの海女が警察に逮捕された。この事件によって、今まで積もりに積もっていた海女たちの怒りが沸き上がり、当時の海女会長だったブ・チュンファは、海女の仲間４人と共に抗争を決意する。

ついに１９３２年１月に、チュンファと仲間は済州・細花里の海女１０００人を集めて細花里市場で海女の歌を合唱しながらデモを行った。もし今回も要求が受け入れられなかったら、２次デモを行うと警告した。続いて海女たちは知事の車を襲撃して取り囲んだまま海女の権益を保護せよとさけび、これらを鎮圧しようとする日本の警察官が刀を見せても退かなかった。その勢いに、知事は「びっくり仰天して逃げた」という。この事件以降日本の警察は、デモを組織したのは夜学の教師である男性だとし、彼らを大勢検挙した。これによって闘争の波は済州島全域に広がっていった。５００人余りの海女が集まり、アワビを取るために使っていたビッチャン〈訳注：日本のカギノミと同じく海女がサザエやアワビなどをとるために使う先端が尖っている鉄製の細長い道具〉で交番の建物をこわし、巡査の帽子をうばい制服を引き裂いた。この時、チュンファは他の海女たちを守るために、自分ひとりですべてを行なったと言って刑務所で拷問を受ける。一緒に連行されたもうひとりの主導者ブ・ドクリャンは拷問の後遺症により27歳で亡くなった。闘争は一年に及び、約１万７０００人の海女が参加して計２３８回続いた。これが韓国内最大の女性抗日運動であり、済州３大抗日運動の「済州海女抗争」である。当時23歳だったブ・チュンファは抗日運動の功績を認められ、２００３年に建国勲章が贈られた。

ローザ・パークス

Rosa Parks

人権運動家（アメリカ、1913〜2005）

『今、正しいことをしているのならば、
絶対に怯えてはいけません。』

黒人は白人が通う学校に通うことができず、白人が運営する食堂やカフェに入ることができない時代があった。仮に黒人と白人が同じ空間にいられるとしても、施設や品物は有色人種専用と白人専用にわけられていた。さらにバスの座席や法廷に置かれた聖書さえもそうだった。公共施設も一緒だった。白人専用の水飲み場で水を飲んだ黒人は、白人からきつく責められたり、激しい暴行を受けたりした。このような人種分離が消えたのは、わずか50年前のことである。

ある日、仕事を終えたローザは、家に向かうバスに乗り「有色人」席の最前列に座っていた。途中で周りを見たらいつのまにか白人専用の席がすべて埋まって白人2、3人が立っていた。すると、運転手がローザに近づいてきて有色人席の標識を一列ずらして、有色人席の最前列に座っていた黒人4人に起きろと命じた。3人は黙って運転手の指示にしたがった。しかし、ローザは少しも動かなかった。ローザは疲れていた。仕事帰りだったからではなく、このような差別を受け続けなければならない現実に疲れを感じた。ローザは黙って移らないと決めて運転手に答えた。

「私が立つ理由はないようですが」

このことでローザは、警察に逮捕された。ニュースをきいた黒人たちは怒り、バス乗車拒否運動を行った。ローザの裁判があった日は、多くの黒人が乗車拒否運動に参加して市内バスはほとんど空っぽのまま走った。ボイコット運動は382日間続いた。この事件はほかの地域にも伝わり、大規模な黒人人権運動に発展、翌年に連邦最高裁は、バスのなかの人種分離制度が違憲だという判決を下した。ローザの勇気は、黒人の権利を改善するアメリカの公民権運動のはじまりとなり、模範となった。その後ローザは黒人人権運動の象徴的存在として政界ではたらき、人権運動に一生をささげた。

허정숙
1902
1991

ホ・ジョンスク

허정숙

女性運動家・言論人（韓国、1902〜1991）

誰かの妻、誰かの嫁になり
せいぜいその家の義理の親や夫ひとりだけを敬うことよりは
人としての個性を生かし人権を確立することが
私たちが当面していて急迫している大きな問題だ。

「革命が職業だった女性」と言われるホ・ジョンスクは活動当時から「頭脳明晰で透徹した理論の持ち主」と評判のすぐれた思想家であった。母親を見て家父長制の不条理を早い段階で悟ったジョンスクは培花女子普通学校時代の先生だったチャ・ミリサを手伝って女性の教育活動を開始する一方、社会主義女性団体の組織を主導し、女性の権利のために力をつくした。

ジョンスクは雑誌『新女性』と『東亜日報』の記者として活動しながら、社会主義思想を広め、女性の人権のための文章を数多く書いた。上流家庭の女性は、家の花や男のアクセサリー扱いされ、中間層以下の女性はひたすら家庭の奴隷になるという事実を赤裸々に語り、女性は家の飾りものになってはいけないと強調した。ジョンスクは「女性の美しさ」を強要する男性的な文化が女性を商品化するということを指摘し、自分の髪の毛を短くカットすることで抵抗を実践した。これにとどまらず、全国各地の女性短髪運動を主導しハサミを持って髪の毛をカットするパフォーマンスを行った。

当時の多くの女性活動家のように、ジョンスクも自身の恋愛がうわさになり逃げるようにアメリカへ留学に行ったこともあったが、「女性の本能」と自由恋愛を主張し、実践した。留学から帰ってきた後、独立運動に参加していたジョンスクは、韓国初の全国女性運動団体である槿友会の活動に徐々に注力するようになる。ジョンスクは槿友会が一部の学のある女性だけのためではなく、すべての女性のための組織になって社会のあらゆる場所に広がるよう努力した。槿友会が解体された後、ジョンスクは中国に亡命し抗日武装闘争を続けていく。解放後は、平壌にわたり政治家として活躍した。ホ・ジョンスクの葬儀は国葬で行われた。

법원

イ・テヨン

이태영

弁護士・女性運動家（韓国、1914〜1998）

> 尊く生まれた人間、
> 法律の前だけでも万人が平等に生きるべきだ。

イ・テヨンは「息子や娘を問わず勉強できる子だけ世話する」と言う母親のもとで育った。女性は結婚して死ぬほどはたらいても、追い出されたらお金は一銭ももらえず、離婚すれば自分の子どもの親権を持つこともできず、財産を受け継ぐことすらできない時代だった。母親のおかげで男の兄弟たちと同じように学ぶことができたイは、韓国の女性としてははじめてソウル大学法学部の学生となった。

司法試験に合格したテヨンは、裁判官になることを望んでいたが、「女性の裁判官は時期尚早」という大統領の度重なる反対により裁判官への任用を拒否された。同期の男性が検事や裁判官になるなか、テヨンだけが弁護士になった。こうして韓国初の女性弁護士になったテヨンは、法から疎外された女性の権利を取り戻すために力をつくした。女性法律相談所を開いたときには、多くの女性がテヨンのもとを訪れ、くやしさをぶちまけてきた。たったひとりの女性弁護士に冷ややかな法曹界からの非難を受けながらも、テヨンは女性と子どもの保護を訴えて家庭裁判所の設立に貢献した。ほかにも講演、討論会、教育を行ない、女性を抑圧する家族法を変えるためのキャンペーンを起こした。

まず、テヨンは、離婚女性の権利に着目した。当時の法律では、離婚した女性は財産に対する権利がなかった。これは女性の生存がかかってくる問題だった。女性の財産分割請求権を主張した家族法改正運動をつうじてはじめて、離婚した女性も財産の権利が保障されるようになった。そしてテヨンがなによりも人生をささげてたたかったのは、戸主制の廃止であった。もっぱら男だけが戸籍の主人になることができると規定した戸主制は、家族のなかで女性を劣った存在としてランク付けし、権利をうばうことで多くの問題を生んでいた。テヨンは、家族の構成員が性別にかかわらず平等な関係を結ぶ必要があるという一念で戸主制の廃止に専念する。それは53年という半世紀を超える戦いだった。しかしテヨンは、戸主制が最終的に消える瞬間を見られなかった。テヨンが息をひきとった数日後、国際連合（UN）は、韓国の戸主制を廃止するよう勧告を下した。以降、さまざまな女性運動団体が共に闘争した末、２００５年に戸主制は完全に廃止された。

NASA

キャサリン・ジョンソン

Katherine Johnson

物理学者・数学者（アメリカ、1918～2020）

『女は男ができるすべてのことをやりこなせます。
ときには彼らよりさらに豊富な想像力を持っています。』

キャサリン・ジョンソンは幼いころから数学にとても興味を持っていた。しかし、キャサリンが住んでいた町では、黒人は高等教育を受けることができなかった。勉強を続けたかったキャサリンは、黒人も高校に通うことができる地域に引っ越した。14歳のときに大学に進学して全額給付の奨学金を受け、最優等で卒業した。卒業後は教師になったが、すぐに教職をやめ黒人女性としてはじめてウエストバージニア大学院に入学した。高等教育を受ける黒人女性さえも珍しかった時代にキャサリンが選択した数学の分野はとくにハードルが高かったが、その後、キャサリンは初期アメリカ航空宇宙局（NASA）に入ることに成功する。

人種差別と性差別はNASAに入ってからも続いた。黒人女性だけが集まる別の施設ではたらかされ、重要な会議には女性だからとの理由で参加することができなかった。また、自分が作成した報告書に名前を載せることもできなかった。しかし、キャサリンはそんな現実に立ち向かった。積極的に提案し、やがて会議に参加し、自分の名前で報告書を出した。なによりも、キャサリンは非凡な人だった。コンピュータの軌道計算の信頼度が低かった時代に、宇宙船「フレンドシップ7」の飛行軌道を手動で完璧に計算し、宇宙船で地球を3周するという世界初のプロジェクトを成功させた。その後もキャサリンは1969年に人類をはじめて月に着陸させた「アポロ11号」などいくつかの宇宙飛行プロジェクトに参加した。軌道、着陸地点など、飛行に必要な計算を担当したキャサリンは、「コンピュータより正確」だと仲間から信頼された。33年間NASAのあらゆる世界的プロジェクトに貢献したキャサリンは、2015年にアメリカの市民に与えられる最高の賞である大統領自由勲章を受けた。2017年NASAはキャサリン・ジョンソンをたたえ、キャサリンの名前を冠した研究センターを設立し、翌年100歳を迎えたキャサリンのためにホームページに敬意を込めたメッセージを掲載した。

「キャサリンがいなかったら、私たちは、今ここにいられなかったでしょう」

石牟礼道子

Michiko Ishimure

作家（日本、1927〜2018）

人が生きるということの意味を、悲しみや苦しみを含めて、
一番どん底のところで私は知りたい。

石牟礼道子の代表作『苦海浄土』は、公害病である水俣病をめぐる聞き書きと、闘争の記録を土台にした文学作品である。完成まで40年を要したこの作品は三部作からなる長編で、日本の近代化の影でふみつけにされた人々の怒りや悲しみを描き、世界文学と称されている。

道子は熊本県天草に生まれ、生後間もなく対岸の水俣に移り住んだ。小学2年生で文字を綴ることに興味を持ち、13歳から短歌をつくりはじめる。貧しいくらしだったが、のどかな農漁村で豊かな日々を送っていた。

戦時中、代用教員として勤務したのち20歳で結婚、翌年に出産する。家事や農作業のかたわら短歌をつくり続けていたが、封建的な男尊女卑社会で生きることに悩んでいた。31歳で同人誌『サークル村』に参加、本格的な創作活動をはじめる。そんななか、ボーヴォワール『第二の性』、高群逸枝『女性の歴史』に出会って女性の受難の歴史を知り、以降は自分が生きてきた世界と社会のへだたりをテーマに書いていくこととなる。

同じころ、水俣では奇妙な病気で命を落とす人が続出していた。

「手足や口や舌がしびれ、ふるえてものがにぎれず、しゃべれず、たべられず、たべられても味はわからず、目が見えなくなるか視野がせまくなり、耳がきこえなくなり、たえまのない痙攣のために死んでゆくのである」

たとえ命が助かっても、重篤な後遺症で苦しみ、完治することはない。数年後に水俣湾内の魚介類に含まれる有機水銀による病気だと判明するが、水銀を排出した新日本窒素肥料（今のチッソ）は自社の工場とは無関係だとして漁民たちを無視し続けた。

水俣病患者を知った道子は、これまで人間が体験したことのない重大な出来事に直面しているという予感に突き動かされ、聞き書きをすすめ、のちの『苦海浄土』につながる作品「奇病」を発表した。1968年には水俣病対策市民会議の設立に関わり、71年には東京のチッソ本社前で未認定患者や若者たちと共に座り込みを決行。以降も闘争に関わり続け、石牟礼道子は水俣病闘争の象徴的な存在となっていった。

道子の執筆活動は『苦海浄土』以外にも詩、エッセイ、文明批評など多岐にわたるが、一貫して「近代とは何か」を庶民の目でとらえ直し、深く考察している。

ト・ユウユウ

屠呦呦

中医学者・科学者（中国、1930〜）

「私からはとくに話すべきことはありません。
抗マラリア薬の研究および製造の任務を任された当時は
マラリアが人類にとって大きな脅威であり、
私は懸命にその任務を果たそうと思っただけでした。」

ト・ユウユウはマラリアの特効薬を見つけた功労により、２０１５年にノーベル生理学・医学賞を受賞した、中国初の女性ノーベル賞受賞者である。戦時中でも、マラリアによる死者が戦死者を上回るほどマラリアは長い間恐怖の対象だった。中国のマラリア治療薬開発プロジェクトに参加することになったト・ユウユウは、中国古代の文献を調査するユニークな方法を選んだ。ト・ユウユウのチームは、２０００年以上前に書かれた、中国医学書に出てくる数百種類もの薬草を使って実験し、やがてクソニンジン（黄花蒿）というヨモギの一種から効能を発見する。ト・ユウユウの執念があらわれる部分はここからだ。ト・ユウユウはクソニンジンで２０００種類の薬草の製造方法と１９０回の標本実験を行った。換気口もない劣悪な研究室で肝炎をわずらいながらも、再実験をくりかえした結果、ト・ユウユウは、最終的に効能１００パーセントのクソニンジン抽出物を発見する。動物実験で成功をとげたト・ユウユウは、自分が最初の被験者になることを志望する。ト・ユウユウのこの発見により、毎年70万人を死に至らせたマラリアの死亡率は半分にまで減った。

「西洋医学に対抗した中国医学の快挙」を成しとげたといわれたト・ユウユウではあるが、実験当時「7つのツボしか得られなかった」というほど設備や支援が足りなかった。きわめて劣悪な環境のなかでも、執念を燃やして成功を収めることができたのだ。また、ト・ユウユウの受賞は、急いで成果を出すために虚偽の報告をしたり、有名無実な研究を日常的に行う科学者が権威を握っている中国の不条理を批判するきっかけとなった。実際にト・ユウユウはこのような偉大な発見をしてもノーベル賞受賞までの40年間、中国の学界では知られていなかった。「せっかちだと成果を達成することができない」と頂門の一針となることばを述べたト・ユウユウは、博士号も、中国での権威ある科学者に与えられる「院士」の称号も、海外留学経験もない「三無の科学者」と呼ばれている。

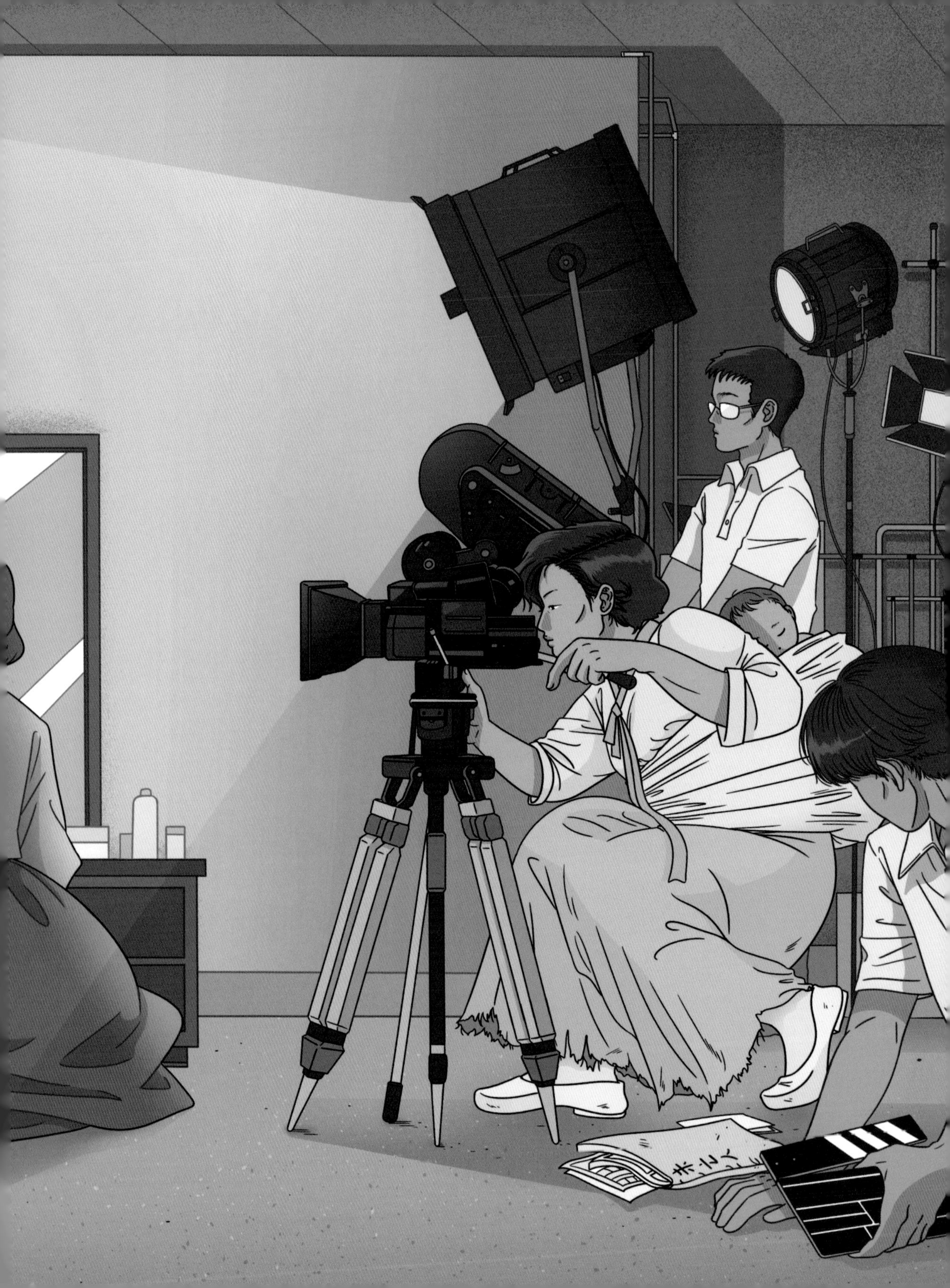

パク・ナムオク

박남옥

映画監督（韓国、1923〜2017）

『私は1日でも長く生きたい。
韓国の女性映画人たちがよい作品をつくり
世界に進出するのを見てみたい。』

韓国初の女性映画監督であるパク・ナムオクは忙しい少女時代をすごした。学校では、高跳びと砲丸投げの選手として活躍し、下校途中には古本屋で画集を見て、映画のポスターを集めた。学校が日本の大学進学を許可していなかったにもかかわらず、自分で入学資料を取り寄せて東京美術学校〈訳注：今の東京芸術大学〉を志望した。結局夢をあきらめて梨花女子専門学校〈訳注：今の梨花女子大学校〉の家庭科に進学するも「私の居場所ではない」と考え、真夜中にひとりで学校を抜け出して、大学生活を終えた。結婚後、夫が生計を立てる意志がなかったため、みずから絵本をつくって売ることにする。寒い部屋のなか、凍った手でステープラーを使って製本していたので爪が血まみれになり、販売にも失敗する。ほどなくして、戦争が終わったばかりの被災地でいろどり豊かな絵本が売れるはずがないと気づいたが、ナムオクは気落ちするどころか「それでもこんなときこそ絵本が必要なはずなのに」と考えた。

ナムオクは友人の紹介で撮影所に通い、映画の道を歩みはじめる。休戦の翌年、しかも子どもを出産してすぐに映画制作に入った。生まれたばかりの赤ん坊をせおって撮影チームの食事代を節約するために自分で買物をして15人分のごはんを作った。片手に撮影道具、片手におむつバッグ、背中には泣く子をせおい、7時間立ったままで満員列車に耐え、「年初から女性の作品を録音することは縁起が悪いからできない」という録音スタジオスタッフのことばを聞いてもがまんした。「録音スタジオ出勤闘争」とみずからふり返ったこのときを、ナムオクは撮影チームのおかげでがんばることができたとしこう言った。「映画制作は団結だから」。

ナムオクの映画制作は一度きりで終わってしまう。その後夫と別れて、出版社に入ったことで冒険は終わるのかと思いきや、パク・ナムオクはパク・ナムオク。2年後に「アジア映画祭」開催のニュースを聞くやいなや、ナムオクは頭のなかでこうさけんだ。「密航船に乗って行こうとして失敗した東京に行ってみる！　映画雑誌を発刊する！」

そしてナムオクは映画雑誌の発行人となった。当時は興行に失敗したパク・ナムオクの作品『未亡人』（1955）は、夫を失った女性が生活していくとこのきびしさを女性の視点から描いた作品で、後日再評価された。

JANE GOODALL

ジェーン・グドール

Jane Goodall

動物行動学者・環境運動家（イギリス、1934～）

『あなたがすることが変化をつくる。
あなたはどんな変化をつくりたいのか決めなければならない。』

ジェーン・グドールは幼いころから動物のことを知りたがっていた。小さな鶏の体からどうやって大きな卵が出るのかが知りたくて、鶏舎で数時間も息を殺して待ち、庭園の片隅にテントを立てて動物を観察して記録していた。いつか必ずアフリカに行くと決心したジェーンは、大学に入る代わりに秘書の資格を取った。「秘書は世界のどこにでも仕事を見つけることができる」と言っていた母のことばがあったからだ。その後ジェーンは病院、オックスフォード大学、映画製作所ではたらいたが、アフリカへの夢を忘れなかった。

そして、ケニアの友人から招待されたジェーンは迷うことなくアフリカに行った。母のことばが間違っていなかったのか、ジェーンはアフリカで人類学者の秘書になる。しかしジェーンは、化石や博物館の動物ではなく、生きている動物を研究したかった。そしてジェーンはみずから望んでいたチンパンジーの研究に乗り出す。死傷者や難民であふれていた当時のアフリカで、若い女性がチンパンジーの研究のために奥地に行くという話をきいた人々はみんなジェーンのことを頭のおかしい女だと思った。

ジェーン・グドールの挑戦は、最初から困難にぶつかった。奥地での生活が容易でないことはもちろん、チンパンジーの警戒心が強かったためである。用心深く距離をちぢめながら、1年かけてジェーンはやっとチンパンジーと90メートルの距離まで近づくことができた。そしてある日、あるチンパンジーがジェーンのキャンプまで訪ねてきて、バナナを盗んだ。彼はジェーン・グドールの最初のチンパンジーの友だち、デビッド・グレイビアードになる。動物は数字が付けられた研究対象にすぎなかった当時としては、チンパンジーに名前を付けるというのは画期的なことだった。ジェーンは名前を付けることだけではなくチンパンジーが道具を使用するということを明らかにする。人間だけが道具を使うと信じていた時代に、ジェーンの発見は世界に衝撃をもたらした。ジェーンは22年以上チンパンジーを研究し、彼らがいかに驚異的な存在なのかを世間に伝え、人間によってチンパンジーが生命の危険にさらされている現実を改善するための行動に出た。ジェーンは研究所を設立し、チンパンジーをはじめとする動物の生存権のための活動を今も続けている。

田中美津

Mitsu Tanaka

鍼灸師・女性運動家（日本、1943〜）

『女が、女として生きてないのに、
妻として、母として生きられるか！』

ウーマン・リブに出会う前の田中美津は、幼少期に受けた性被害の傷とそれを受け入れた自分への罪の意識に苦しんでいた。就職をしても、見合いをしても、ホステスをしても、自分に価値を見いだせなかった。実家の仕事をしながら関わっていた学生運動のなかですら、女としての価値に引き裂かれてしまう。そんな惨めさと悔しさと怒りが爆発し、書き付けたのが「便所からの解放」と題された1枚のビラだった。

女は、子どもを産むための「母」と、性処理のための「便所」に分断されている。男のイメージのなかでつくられた「どこにもいない女」ではなく「ここにいる女」を肯定し、性を解放しよう。そう呼びかける美津のことばは、男性主導の学生運動に対し、納得できない思いを抱いていた女たちに火をつけた。

1970年、美津はビラをきっかけに集まった女たちと、女だけのデモを行った。同じころ、日本全国で小規模な女性のコレクティブが自然発生していた。それらはビラや冊子を媒介に呼応し合い、ウーマン・リブという大きな波となっていく。翌年行われたリブ合宿には、学生から子連れの主婦まで全国各地の10〜40代の女性約300人が参加。初日に行われた自己紹介は、なんと20時間を要した。これまで誰にも話せなかった傷や、理解してもらえなかった怒りがあふれ出てきたのだ。美津はリブを「45年前の#MeTooだった」とふり返る。

その後、美津ら数名はリブ新宿センターを立ち上げ、共同生活をしながら女たちの相談に応じ、結婚改姓や保育所、公共施設での障害者締め出しなどの問題にとりくむ。とくに優生保護法改悪による人工妊娠中絶をめぐる問題には、全国の仲間と共に激しい抗議活動を行った。しかし、それまでの婦人運動と一線を画すラディカルなパフォーマンスがメディアで取りざたされ、バッシングを受ける。そして現代思想や社会活躍としてのフェミニズムと交差するように、リブは後景に退いていった。

1975年、美津は国際女性年を記念して開催された世界女性会議に参加するためメキシコにわたる。そのままメキシコに居ついた美津は未婚で出産し、4年半後に帰国、鍼灸師となった。現在も鍼灸院を営みながら、自分と地続きの問題として沖縄基地問題などにとりくみ続けている。

ベルタ・カセレス

Berta Cáceres

環境運動家（ホンジュラス、1971〜2016）

『私は生きたい。まだやりたいことが多い。軍隊は私を含めて
18人の名前を暗殺リストに載せ、ひとりずつ殺害している。
しかし、私はたった1度も、私たちの領土や尊厳のある生活のための
闘争をあきらめたことはない。なぜなら、それが正当なことだからだ。』

ホンジュラスの環境運動家ベルタ・カセレスは2016年3月、射殺されて自宅で倒れている状態で発見された。

2015年、環境運動分野のノーベル賞といわれるゴールドマン環境賞を受賞した世界的な活動家であったベルタは、つねに殺害の危険にさらされていたため、ボディーガードを同行しなければならなかった。環境保護と先住民の生存権擁護を訴える活動家が身の安全に悩まされているのは、中南米地域では一般的なことである。ホンジュラス政府が世界の企業に乱開発を許可して以来、ホンジュラスの国土、鉱物、資源は取り返しのつかないほど破壊され、人々はすみかを失った。活動家や団体は、住民の生活を破壊する巨大資本と政府に立ち向かう。勝算のない大きな闘いで、ベルタは複数の開発を中止させ、巨大企業を撤退させるなど、数々の成果をあげてきた。

ベルタは大学時代から、先住民の生活の場と環境を守るべきだと訴え、政府開発事業を中断させ、先住民の土地の所有権を認めさせてきた。しかしホンジュラス政府は、環境運動をテロリズムとみなし活動家を威嚇して殺害した。ベルタが殺害されるまでの5年間で、ホンジュラスだけで101人の活動家が殺害され、ベルタの死の数日後、ベルタの活動家仲間も銃で撃たれて死亡した。彼らはホンジュラス政府の水力発電ダム建設計画に抵抗している最中だった。

仲間の死を目の当たりにし、また、自分自身も殺害の脅迫を受けながら、それでも引きさがらなかったのは、戦わないことも死を意味すると考えていたからである。ベルタの自宅に侵入して銃を撃ったのは2人から11人までのグループであるとみられる。しかし、殺人犯は処罰されず、あろうことか死の瞬間ベルタと一緒にいた活動家が目撃者という名目で拘禁された。ベルタの死が公になり、全世界はホンジュラス政府に向かって「死の原因を明らかにせよ」と訴え「ベルタのための正義」を見せるよう促した。

Different flowers!

マリアム・ミルザハニ

Maryam Mirzakhani

数学者（イラン、1977～2017）

> 大切なのは才能ではなく、才能があると感じることです。

幼いころ、イラン－イラク戦争を経験したマリアムはきちんとした教育を受けられないまま、手に取れるすべての本を読みながら過ごした。戦争が終わり、英才教育を支援する国立中学校に入って教育を受ける機会を与えられた。高校生になったマリアムは、みずから校長を訪ね、女子学生のための国際数学オリンピック準備クラスをつくってほしいと直接要請した。大会を準備することも参加することも男子学生にのみ許可されていたからである。こうしてみずから機会をつくったマリアムは、イランの女子学生としてははじめて代表選手に選抜され、2回連続で金メダルを獲得した。10代のころから数学の天才として名を馳せたマリアムは、イランで大学課程を終えてアメリカにわたり、研究を続けた。

マリアムはみずからを「遅い人」と呼んだ。ひとつの難しい数学の問題を数カ月も、数年も挑み続けた。問題が解けないからと失望せず、いくら時間がかかってもあきらめなかったことがマリアムの才能だった。そしてマリアムは数年をかけて、曲がった空間の体積を求める方法を解いた博士論文で世界をおどろかせた。この研究は宇宙空間の体積を求める理論となり、さまざまな数学の分野をつなぐ重要な役割を果たした。２０１４年マリアムは女性初のフィールズ賞を受賞した。賞がつくられてから80年余りではじめての女性受賞者が出たこの賞は、新しい分野の開拓に貢献した数学者に与えられる世界的な権威を持つ賞で、「数学のノーベル賞」とも呼ばれる。賞を受けとったマリアムはこう言った。「子どものころ、自分は数学の才能がないと思ってあきらめようとしたことがあります。しかし、数学で大切なのは才能ではなく、才能があると感じることです」。マリアムは、とくに女子学生が数学に自信を持っていないことを残念に思っていた。自分が最初の女性受賞者となったのは、女性が数学を学ぶ土壌自体が不足しているからであり、時間がたって考え方が変われば、このような不均衡も必ず変わるとかたく信じ、みずから証明した。

We Shold All Be Feminists

チママンダ・ンゴズィ・アディーチェ

Chimamanda Ngozi Adichie

作家（ナイジェリア、1977〜）

物語の影響は大きいのです。
さまざまな物語がなくてはなりません。

チママンダ・ンゴズィ・アディーチェはナイジェリア南部のエヌグで生まれ、大学町スッカで育った。チママンダの父親はナイジェリア初の統計学の教授で、母親も大学初の女性職員としてはたらいていた。幼いときから本好きで、7歳のころにはイラスト付きの物語を書いて母親に読ませていた。ナイジェリア大学で薬学と医学を学んだ後、19歳で奨学金を得て渡米し、姉の家で子どもの世話を手伝いながらコミュニケーション学や政治学を学び、夜になると小説を書いた。最終学年の24歳のとき、初の長編小説『パープル・ハイビスカス』を執筆。ナイジェリアを舞台に宗教的不寛容な父親とその家族を描いたこの小説はコモンウェルス賞を受賞する。続く『半分のぼった黄色い太陽』は、半世紀前の内戦を取り上げながら戦争に巻き込まれる若者、男女、家族を描き、２００７年に最年少でオレンジ賞を受賞した。以降も作品を出すたびに名だたる文学賞を受賞し、世界中でベストセラーとなる作家となった。

チママンダはメディアでも積極的に発信するオピニオンリーダーだ。とりわけ２００８年のＴＥＤの講演「シングルストーリーの危険性」は注目され、動画は２０００万回以上閲覧されている。アフリカは貧困や無意味な戦争に苦しむ地域で、アフリカ人はあわれみの対象であるという物語は西洋文学がもたらしたと指摘。それは固定観念をつくり出し、人間の尊厳をうばい、平等の認識を困難にすると語った。「いかなる場所にもシングルストーリーなどないと気づいたとき、一種の理想郷を取り戻します」。ナイジェリアの出版社と共にNPOを立ち上げ、編集者と作家によるワークショップを定期的に開くなど、西洋の本ばかりだったナイジェリアの出版界でさまざまな物語を生み出すことにも力を入れている。

２０１２年、ふたたび登壇したＴＥＤの「私たちはみんなフェミニストであるべき」では、ジェンダー不平等について取り上げた。「文化が人をつくるのではなく人が文化をつくるのです。もし女性の完全な人権が私たちの文化ではないなら、そういう文化をつくればいいのです」。チママンダのフェミニストの定義は次のとおりだ。「フェミニストとは男性や女性で『今日もジェンダーに関する問題は存在し、それを直さなければならない。もっと努力するべきだ』と言う人のことである」。

ジャシンダ・アーダーン

Jacinda Ardern

首相（ニュージーランド、1980〜）

彼らは私たちです。

ニュージーランドは、1893年に世界ではじめて女性が参政権を獲得した国だ。ジャシンダ・アーダーンはニュージーランドで3人目の女性首相である。ジャシンダは子どものころから人権への意識が高く、それを主張することを怖れなかった。18歳から選挙活動のボランティアをはじめ、大学卒業後は当時の女性首相ヘレン・クラークのもとではたらいた。留学やワーキングホリデーで見識を広げた後、国際的な政治団体の委員長として紛争地帯を訪れるなど、さまざまな経験を積み、28歳で下院議員になる。

37歳のとき、労働党の党首になったことでジャシンダは転機を迎える。ニュージーランドは社会保障手当が充実しているが、民族間の格差や子どもの貧困、DV、ホームレスといった問題は深刻だ。ジャシンダはそれらの問題に言及し、真摯な選挙キャンペーンを行った。それにより低迷していた労働党の支持率が急速に回復、総選挙で議席を大幅に増やし、連立政権を組んで首相となる。

ジャシンダが妊娠していることを知ったのは、首相就任が決まる6日前のこと。世界ではじめて首相在任中に産休をとる決心をした。ジャシンダは、出産から3ヶ月後にはパートナーと赤ちゃんと一緒に国連総会に出席。その姿は全世界で報じられた。

2019年3月、クライストチャーチの2つのモスクで約100人が死傷するテロ事件が起こる。ジャシンダがまず最初に行ったことは、黒いヒジャブをかぶってムスリムコミュニティを見舞うことだった。また、ただちに銃規制強化を明言し、半自動小銃の販売や所持を禁止する法案を可決。半年後には、銃購入後に詳細情報の登録を義務づける制度を新設した。同時に犯人が中継した犯行動画を拡散しないよう国民に呼びかけ、ソーシャルメディアのテロ対策を推進。事件を起こすことで有名になろうとした白人至上主義の犯人を「テロリスト」と呼び、その名前を一切口にしないと誓った。私たちが呼ぶのは、加害者ではなく犠牲者たちの名前なのだと。ジャシンダが述べた「They are us（殺された彼らは私たちニュージーランドの国民だ）」というメッセージは今、犠牲者を悼み、差別・偏見に抗う運動のスローガンとなっている。

マララ・ユスフザイ

Malala Yousafzai

教育活動家（パキスタン、1997〜）

『

私は“タリバンに銃で撃たれた少女”ではなく
“教育のためにたたかった少女”と思われたい。
それこそ私が人生をささげたい目標です。

』

最年少ノーベル賞受賞者であり、世界でもっとも影響力のある10代と呼ばれたパシュトゥーン人の少女マララ。マララの名前は白いベールをかぶって、戦場を駆けまわった歴史上の戦士マラライにちなんで名付けられた。マララの父親は地元で学校を運営していて、マララは幼いころから学校を歩き回った。パシュトゥーン人の伝統では、女性は男性の親族を同行せず外に出ることができなかったが、マララは自由に凧をあげる弟を見て、自分もアレクサンドロス大王のように自由に生きると誓った。

マララが10歳のとき、テロ組織タリバンはマララが住んでいる地域で人々を抑圧した。テロと銃撃戦が絶え間なく続き、死体は人々の目にふれる広場に棄てられた。とくに女性は外出を禁じられ、ベール着用を強いられ、教育を受けることを禁止された。しかしマララはくじけなかった。友人が「誰が彼らを止められるだろうか」と言えば、マララは「どうやって彼らが私たちを止められるだろうか」と答えた。BBCラジオでタリバン支配下にある女子学生の話を報じようとしていることを知ったマララは、すぐにみずから申し出た。声をあげることが自分の闘争方法であると考えたマララは、ブログに記事を書き、「ニューヨーク・タイムズ」のドキュメンタリーにも出演した。マララは世界に向けて堂々と発言した。「彼らは私たちが学校に行くことは止められるかもしれないけれど、私たちが学ぶことを止めることはできません」と話すマララの声は、多くの人々に届いた。

2012年、タリバンはマララを殺害すると公然と脅迫する。その後マララは「マララはどこにいる」と声をあげながらスクールバスに飛び乗ってきた男性たちの銃に撃たれ昏睡状態になる。しかし、マララは奇跡的に助かった。殺害の脅威が続いてもマララは、声を出し続けた。マララはますます世界から注目をあびることとなった。女子が教育を受ける権利を守るために最後までたたかうと決めたマララは、17歳になる年にノーベル平和賞を受賞した。

グレタ・トゥーンベリ

Greta Thunberg

環境運動家（スウェーデン、2003〜）

> 私たちは未来がほしくて、ストライキをしているのです。

グレタ・トゥーンベリはオペラ歌手の母と俳優の父の間に生まれ、幼いころは一家で旅をしながら過ごしていた。気候変動にとりくむきっかけになったのは、11歳のときに授業で見た映画だった。海に流れ出た大量のプラスチックゴミの影像を見て、涙が止まらなくなった。話すのをやめ、食べるのをやめ、2ヶ月で体重は10キロも減った。家族や周囲のサポートを受けてゆっくり回復したグレタは、気候問題について考えを深めていく。畜産業が温室効果ガス排出の要因となることから肉食をやめ、CO_2の排出が多い飛行機での移動もやめた。

15歳になったグレタは新聞の気候変動エッセイ大会で優勝し、いくつかの研究会で意見を交わした。そして、気候問題に本気でとりくまない政治家に抗議するための計画を立てる。3週間後の総選挙の日まで学校の授業を拒否し、国会議事堂前で座り込みをする「気候のための学校ストライキ」だ。２０１８年8月、グレタは計画を実行にうつす。ＳＮＳに投稿した写真はすぐに拡散され、翌朝には隣に座る子どもがあらわれた。1週間後には世界的なメディアに取り上げられ、3週間目の金曜日にはヨーロッパ各地でストライキが行われた。グレタはスウェーデンがパリ協定にしたがいCO_2排出量の削減を実現するまで、毎週金曜日にストライキを継続すると宣言。この「未来のための金曜日」は世界規模のムーブメントとなり、２０１９年9月に行われたデモでは10代の学生を中心に、約４００万人もの人々が世界中で抗議行動を起こした。

デモや国際会議でのスピーチなど言動が大きく報じられるにつれ、バッシングも相次いだ。しかしグレタは、アメリカ、ロシア、ブラジルの各大統領からの批判にもユーモアで対抗。ローマ教皇と謁見し、オバマ元米大統領と面会するなど、世界のリーダーたちに直接意見を訴える機会も得ている。その影響力は絶大で、『タイム』誌に２０１９年の「今年の顔」として選ばれ、2年連続でノーベル平和賞候補となるほどだ。グレタは私たちに呼びかけている。現行の政治経済のなかに気候変動の解決策はない。まったく新しい考え方が必要だ。すぐさま行動を起こすようにと。

イラストレーター紹介

フロレンス・ナイチンゲール

이은주　イ・ウンジュ

ビジュアルデザイン学科・コミュニケーションデザイン専攻。現在、韓国とイギリスで活動中。AOI（イラストレーション協会）AI（American Illustration）、『3×3』の国際イラストレーション大会で入賞した。

エメリン・パンクハースト

요이한　ヨイハン

絵を探求する人。

チャ・ミリサ

최진영　チェ・ジンヨン

イラストレーター。生活の中で時々浮かび上がるものを編んで絵にしている。

ヘレン・ケラー

실키　シルキ

『私、大丈夫じゃないよ（나 안 괜찮아）』『ハハハイゴ（하하하이고）』の絵を描いて文を書いた。インドで絵画を勉強して、今はフランスでの新たな学びを目指して挑戦している。

キム・ジョムドン

홍세인　ホン・セイン

ソウルでポプリという一人スタジオを運営しながらリソグラフ印刷とイラスト作業を行なっている。

キム・ミョンスン

권아라　クォン・アラ

ファインアートを勉強し今はフリーのイラストレーターとして活動している。単行本、絵本、広告、雑誌、アルバムなど様々な媒体で絵を描いている。

ヴァージニア・ウルフ

도도　ドド

イラストレーター。あまり知られていない女性の偉人を紹介する作業に参加することができうれしく思う。

クォン・キオク

김승연　キム・スンヨン

絵本作家。グラフィックスタジオ兼独立出版社である「テキストコンテキスト（textcontext）」を運営している。これからも一生隣に置いて観たい友達のような絵本を着実に作っていく予定だ。『狐帽子（여우모자）』『ヤンヤン（얀얀）』などの本を書いて『ある日（어느날）』などを描いた。

ナ・ヘソク

김혜림　キム・ヘリム

平凡な日々を描いている。空間と人、物に込められている固有の色やパターンを鮮やかで淡々と描こうとしている。『たった一日も君を愛さなかった日はない（단 하루도 너를 사랑하지 않은 날이 없다）』などのイラスト作業を行なった。ホームページ：rimdraw.com。

ブ・チュンファ

김희애 キム・ヒエ

フリーのグラフィックデザイナー。プロジェクトそれぞれのストーリーを盛り込んだ第三の言語を発見しようとする試みに取り組んでいる。文字の言語と絵の言語のすきまをうめる実験するための本を作っている。
ホームページ：fhuiae.com
インスタグラム：@fhuiae

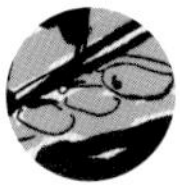

ローザ・パークス

엄주 オムジュ

誠実な外注作業者。おばあさんになるまで真面目に描き続けるつもりで生きている。

ホ・ジョンスク

최지수（갯강구）チェ・ジス（ケッガング）

旅と空間についての物語を書いて、描くイラストレーター。旅に出たり旅を懐かしみながら時間を過ごしている。

イ・テヨン

안혜원（anneartamour）アン・ヘウォン

ビジュアルデザイン専攻。好きなことを仕事にして幸せなイラストレーター。

キャサリン・ジョンソン

애슝（AE SHOONG）エシュン

視覚的言語を幅広い方式で表現している。代表作に『SHORT CUT』『ペペの素敵な絵（페페의 멋진 그림）』などがある。

ト・ユウユウ

이빈소연（Leebinsoyeon）イビンソヨン

イラストレーター。日常的な題材で非日常的な話を、非日常的な題材で日常的な話を作り出している。『谷崎潤一郎選集』のカバーと挿絵を描き、「葬儀3部作」と『すべての時間（모든 것의 시간）』などを出版した。

パク・ナムオク

권서영 クォン・ソヨン

出版・イラスト・アニメーションなど様々なフィールドで積極的に活動している作家。代表作に『シル・ザ・デザート（시루 더 디저트）』がある。

ジェーン・グドール

윤예지（Yeji Yun）ユン・イェジ

ソウルに住んでいるイラストレーター。想像の余地を残した物語を作り出すことが好き。『ピーナッツの国、胡瓜帝国（땅콩나라 오이제국）』『12 Lands』『On the Rocks』などの絵本を作業した。
ホームページ：seeouterapace.com

ベルタ・カセレス

손은경 ソン・ウンギョン

フリーのイラストレーター。

マリアム・ミルザハニ

황희진　ファン・ヒジン

デザインスタジオ「コン・グレー」のイラストレーター。会社員の一週間を納めた『オーディナリーライフ（오디너리라이프）』と超簡単料理レシピーブック『組立食料理（조립食요리）』を作業した。

マララ・ユスフザイ

박윤수（heyola）パク・ユンス

人と小物、建物と空間に興味をもち、組み合わせる作業を行なっている。

『日本版追補イラストレーター』

山川菊栄

のむらあい

イラストレーター。広告、WEB等でイラストや漫画を提供している。酒と人生に酔いがち。物語を趣味で描く。ホームページ：ainomu.com

石牟礼道子

安達茉莉子

言葉とイラストで「物語」を表現する。自然の中で育ち、政府機関勤務、限界集落生活、英大学院留学など様々な場所での経験を経て、人間が人間であるための「言葉」を拠り所として制作を続けている。大分県日田市出身。

田中美津

オカヤイヅミ

漫画家・イラストレーター。著書に『ものするひと』（KADOKAWA）『いのまま』（芳文社）など。

チママンダ・ンゴズィ・アディーチェ

惣田紗希

グラフィックデザイナー・イラストレーター。著書『山風にのって歌がきこえる　大槻三好と松枝のこと』がタバブックスより発売中。大槻松枝も短歌を通して夢を描いた女性のひとり。

ジャシンダ・アーダーン

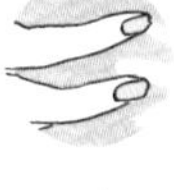

はらだ有彩

テキスト、テキスタイル、イラストを作る〝テキストレーター〟。『日本のヤバい女の子』、『日本のヤバい女の子　静かなる抵抗』（柏書房）を書きました。全ての「知らない間に決まっていたルール」を無効化したいです。インスタグラム：@arisa_harada

グレタ・トゥーンベリ

箕輪麻紀子

イラストレーター。東京都出身、在住。書籍、雑誌、広告などのイラストレーション。代表作に『ESCAPE』（ELVIS PRESS）、『Float』（DOOKS）など。

参考文献

【単行本・論文】
カン・マンギル、ソン・デギョン編『韓国社会主義運動人名辞典』創作と批評社、1996
ナ・ヘソク『ナ・ヘソク、文を書く女子の誕生』ジャン・ヨンウン編、民音社、2018
リットン・ストレイチー『ヴィクトリア朝名士たち』イ・テスック訳、慶熙大学校出版局、2003（邦訳：『ヴィクトリア朝偉人伝』中野康司訳、みすず書房、2008）
マララ・ユスフザイ、クリスティーナ・ラム『私はマララ』パク・チャンウォン訳、文学トンネ、2014（邦訳：『わたしはマララ――教育のために立ち上がり、タリバンに撃たれた少女』金原瑞人／西田佳子訳、学研パブリッシング、2013）
パク・ナムオク『パク・ナムオク：韓国初の女性映画監督』マウム散策、2017
ヴァージニア・ウルフ『自分だけの部屋』イ・ミエ訳、民音社、2016（邦訳：『自分だけの部屋』川本静子訳、みすず書房、1988年初版、2013年新装版）
ヴァージニア・ウルフ『存在の瞬間』チョン・ミョンジン訳、プグルブックス、2013（邦訳：『存在の瞬間　回想記』出淵敬子訳、みすず書房、1983）
エメリン・パンクハースト『闘う女が勝つ（My Own Story）』キム・ジンア、クォン・スンヒョク訳、現実文化、2016
イ・ミンギョン『我々にも系譜がある：寂しくないフェミニズム』ボムアラム、2016
イ・テヨン「韓国離婚制度研究：特に女性の地位を中心に」1957
チョン・ヘジュ『羽衣を探して』ハヌルザヨン、2015
ジェーン・グドール『ジェーン・グドール：チンパンジーと共にした私の人生』、パク・スンヨン訳、サイエンスブックス、1996（邦訳：『チンパンジーの森へ：ジェーン・グドール自伝』庄司絵里子訳、地人書館、1994）
チェ・ヘジョン『大きな星になり朝鮮を照らす』梨花女子大学校総同窓会、チョイスブック、2014
フロレンス・ナイチンゲール『ナイチンゲールの看護論：真の看護とそうでないもの』キム・チョザ／イ・ミョンオク訳、ヒョンムンサ、1997（邦訳：『看護覚え書――本当の看護とそうでない看護について』尾田葉子訳、日本看護協会出版会、1985）
ヘレン・ケラー『ヘレン・ケラー自伝』ユン・ムンザ訳、イェムンダン、1996（邦訳：『奇跡の人　ヘレン・ケラー自伝』小倉慶郎訳、新潮文庫、2004）

【記事・連続刊行物】
キム・ヒョンミン「1934年ナ・ヘソク“朝鮮男性の心事はおかしいです”」『時事IN』第531号
イ・ユンオク「韓国最初の女子飛行士、クォン・ギオク愛国志士の蒼い夢を探して」『記録イン（IN）』Vol.24
チョン・ウンヒョン「ビッチャン（訳注：日本のあわびおこしのように海女がアワビを取るため使う道具）を手に持って日本警察の交番を襲撃した海女、プ・チュンファ」（DAUMストーリーファンディング 2015.12.15）
チョン・ヒウォン「ナ・ヘソクを正しく知るために」『フェミニスト・ジャーナル　イルダ』2005.10.10
ホ・グンウク「私の父ホ・ホンと姉ホ・ジョンスク」『歴史批評』28、1994
ホ・ジョンスク「私の短髪と短髪前後」『新女性』1925.10
「MODU」“木のように生き、花のように散る　環境運動家ベルタ・カセレス”2016.4
京郷新聞【実録民衆化運動】イ・テヨンと家族法改正運動」2005.3.30
京郷新聞「ノーベル賞受賞 屠ユウユウ“アルテミシニン（青蒿素）は中医学が世界の人々へ贈るプレゼント”」2015.10.6
国民日報「映画『ドリーム』のモデル、キャサリン・ジョンソン…NASA“100歳、ハッピーバースデー”」2018.8.28
大韓民国青少年議会「クソニンジン（黄花蒿）と果てない情熱でマラリアを食い止めた 屠ユウユウ」2018.8.28
徳成女子大学新聞「誇らしい徳成の母、チャ・ミリサ」2004.4.12
徳成女子大学新聞「韓国史教科書の中のチャ・ミリサ先生と朝鮮女子教育会」2018.8.28
東亜日報「女子の解放は経済的独立が根本」1924.11.3
文化ニュース「今後、私のような人が出たとしたら、できるなら精一杯また虐待してみろ」2016.6.22
サイエンスタイムズ「イランの数学天才、ミルザハニ」2016.12.12
消費者経済「忘れられた独立運動家、チャ・ミリサ」2016.10.5

アジアトゥデイ「海女抗日運動家、キム・オクリョン」２０１７・12・24
エコビュー「ダムの建設に反対し暗殺された川の守護者、ベルタ・カセレス」２０１６・４・８
延世大学校中国研究院「85歳に成し遂げた成功、屠ユウユウノーベル賞受賞者」２０１８・３・１
聯合ニュース「【キム・ウンジュの視線】最初の近代女性作家、キム・ミョンスン」２０１８・１・18
中央日報「【韓国の20世紀女性人物】女性運動家、故イ・テヨン博士」１９９９・12・16
ハンギョレ新聞「ダム反対で殺された彼らの死を問わなかった」２０１６・３・22
ハンギョレ新聞「中国人初のノーベル生理学・医学賞…マラリア新薬を開発した、屠ユウユウ」２０１５・10・５
韓国日報「Google も尊敬の念を示した韓国最初の女性弁護士、イ・テヨン」２０１７・３・８
History, "Rosa Parks", 2009.11.9
Kathi Wolfe, "Helen Keller, Radical" UTNE July-August 1996
Keith Rosenthal, "The politics of Helen Keller: Socialism and disability", International Socialist Review.
MacTutor History of Mathematics archive "Katherine Coleman Goble Johnson".
National Visionary Leadership Project, "Katherine Johnson".
Simons Foundation and International Mathematical Union. "Maryam Mirzakhani wins 2014 Fields Medal-first woman to do so" http://youtu.be/4GbMhQLQ_g
Standard Issue Magazine "Florence Nightingale: the lady with the window?", 2015.12.5.
The Guardian, "Maryam Mirzakhani: 'The more I spent time on maths, the more excited I got'", 2014.8.13.
This is statistics, "Florence Nightingale: The lady with the Data", 2016.3.15.
Wired, "Meet the First Woman to Win Math's Most Prestigious Prize", 2014.8.13.

【ウェブサイト】
韓国民族文化大辞典 (http://encykorea.aks.ac.kr)
Helen Keller Reference Archive (marxists.org)
NASA (https://www.nasa.gov), "Katherine Johnson Biography".

日本版追補ページ

【書籍】
チママンダ・ンゴズィ・アディーチェ『半分のぼった黄色い太陽』くぼたのぞみ訳　河出書房新社、２０１０
チママンダ・ンゴズィ・アディーチェ『なにかが首のまわりに』くぼたのぞみ訳、河出書房新社、２０１９
チママンダ・ンゴズィ・アディーチェ『男も女もみんなフェミニストでなきゃ』くぼたのぞみ訳、河出書房新社、２０１７
チママンダ・ンゴズィ・アディーチェ『イジェアウェレへ　フェミニスト宣言、15の提案』くぼたのぞみ訳、河出書房新社、２０１９
Cynthia Kennedy Henzel『Jacinda Ardern: Prime Minister of New Zealand (World Leaders)』Focus Readers, ２０１９
マレーナ＆ベアタ・エルンマン、グレタ＆スヴァンテ・トゥーンベリ『グレタ　たったひとりのストライキ』羽根由訳、海と月社、２０１９
『WIRED　VOL.34』コンデナスト・ジャパン、プレジデント社、２０１９
田中美津『新版いのちの女たちへ　とり乱しウーマン・リブ論』パンドラ、２０１６
田中美津『明日は生きてないかもしれない……という自由』インパクト出版会、２０１９
田中美津『この星は、私の星じゃない』岩波書店、２０１９
西村光子『女たちの共同体　七〇年代ウーマンリブを再読する』社会評論社、２００６
亜紀書房編集部編『性差別への告発　ウーマンリブは主張する』亜紀書房、１９７１
江原由美子・金井淑子編『フェミニズムの名著50』平凡社、２００２
ＤＶＤ「何を怖れる フェミニズムを生きた女たち」（２０１５年公開／松井久子監督）

石牟礼道子「水俣病」『石牟礼道子全集 不知火 第一巻』藤原書店、2004
石牟礼道子『葭の渚 石牟礼道子自伝』藤原書店、2014
石牟礼道子『池澤夏樹＝個人編集 世界文学全集Ⅲ-04 苦海浄土』河出書房新社、2011
石牟礼道子『流民の都』大和書房、1973
石牟礼道子編『水俣病闘争 わが死民』創土社、2005
石牟礼道子『花の億土へ』藤原書店、2014
文藝別冊『追悼 石牟礼道子』河出書房新社、2018
山川菊栄『おんな二代の記』岩波書店、2014
山川菊栄記念会『山川菊栄の現代的意義 いま女性が働くこととフェミニズム』労働者運動資料室、2011
山川菊栄生誕百年を記念する会『現代フェミニズムと山川菊栄』大和書房、1990
「歴史評論」編集部編『近代日本女性史への証言 山川菊栄・石川房枝・丸岡秀子・帯刀貞代』ドメス出版、1979
鈴木裕子編『新装増補 山川菊栄集 評論篇 第一巻 女の立場から』岩波書店、2011
鈴木裕子編『新装増補 山川菊栄集 評論篇 第六巻 女は働いている』岩波書店、2011
鈴木裕子編『山川菊栄評論集』岩波書店、1990

【記事】

東京新聞「気候変動 わたしたちも怒ってる『地球を守ろう』若者ら600人が新宿でデモ」2019・11・30
毎日新聞「大人の痛いところを突いたのか グレタさんへのバッシング続く」2019・12・27
日本経済新聞「プーチン大統領に皮肉？ グレタさん、ツイッターで」2019・10・14
Business insider「タイム誌『今年の人』グレタさんの軌跡…金曜日の座り込みから気候行動の『顔』になるまで」2019・12・22
国際連合広報センター「気候行動サミット、2020年を期限とする主な気候目標の達成に向け、各国の野心と民間セクターの行動に大きな前進をもたらす」2019・10・18
AFPnews「グレタさん、ノーベル平和賞にノミネート 母国の左派議員が推薦」2020・1・31
BBC「New Zealand PM Jacinda Ardern returns from maternity leave」2018・8・2
日本貿易振興機構（JETRO）アジア経済研究所「クライストチャーチ銃撃事件とニュージーランドの反応――悲劇を繰り返さないために」2019・3
BBCニュースジャパン「ニュージーランド首相、妊娠を公表『2017年はすごい年だと思っていたら』」2018・1・19
アルジャジーラ「The hypocrisy of New Zealand's 'this is not us' claim」2019・3・20
BBCニュースジャパン「ニュージーランド、SNS企業にテロ対策訴え 仏と協力へ」2019・4・25
日本経済新聞「ニュージーランド、銃規制強化で登録制度を新設へ」2019・9・13
AFPnews「IT大手、過激な投稿の撲滅へ行動 仏・NZ首脳らと会議」2019・5・16

【ウェブサイト】


「THEY ARE US」

(https://insights.nzherald.co.nz/christchurch-memorial/)

「TEDトーク チママンダ・アディーチェ：シングルストーリーの危険性」

https://www.ted.com/talks/chimamanda_ngozi_adichie_the_danger_of_a_single_story/transcript?language=ja
「FARAFINA TRUST」

(https://farafinatrust.org/)

「fridaysforfuture」

(https://fridaysforfuture.org/)

ボムアラム *Baume à l'âme*

性差別と女性嫌悪に対応するプラットフォームを作ろうとする女性たちが作った出版社。2016年7月刊行『우리에겐 언어가 필요하다: 입이 트이는 페미니즘』(私たちには言語が必要である:口を開くフェミニズム)をはじめ、今必要な「多様なフェミニズムの本」を出版している。http://baumealame.com

尹怡景 *Yoon Ekyung*

ソウル生まれ。慶應義塾大学大学院社会学研究科修士課程修了。専門は文化人類学。慶應義塾大学大学院非常勤講師。言葉で韓国と日本の心をつなげたい人。

夢を描く女性たち イラスト偉人伝

2020年5月30日 初版発行

著	ボムアラム
翻訳	尹怡景
装丁	小松洋子
日本版追補編集	竹花帯子
発行人	宮川真紀
発行	合同会社タバブックス 〒155-0033 東京都世田谷区代田6-6-15-204 tel: 03-6796-2796 fax: 03-6736-0689 mail: info@tababooks.com URL: http://tababooks.com/
印刷製本	シナノ書籍印刷株式会社

ISBN978-4-907053-41-3 C0098